El Punto en el Corazón
Fuente de placer para mi alma

LAITMAN
KABBALAH
PUBLISHERS

DR. MICHAEL LAITMAN

El Punto
en el Corazón

Fuente de placer para mi alma

El Punto en el Corazón

Fuente de placer para mi alma

Copyright © 2010 por Michael Laitman
Todos los derechos reservados.
Publicado por Laitman Kabbalah Publishers.
www.kabbalah.info/es
www.kab.tv/spa   www.laitman.es
www.kabbalahlearningcenter.info/es
www.kabbalahbooks.info
Correo electrónico: spanish@kabbalah.info
1057 Steeles Avenue West, Suite 532, Toronto, ON, M2R 3X1, Canadá
2009 85th Street #51, Brooklyn, New York, 11214, USA

Impreso en Israel

ISBN 978-1-897448-45-8

Compilación:	Oren Levi
Traducción:	Eli Lilien, Gabriel Gandelman, Laura Lilien
Revisión:	Merav Gottdank
Edición:	Marisa Cano
Supervisión:	Lev Volovik
Portada:	Rami Yaniv, Baruch Khovov
Diseño:	Baruch Khovov
Producción:	Uri Laitman, Norma Livne
Editor Ejecutivo:	Chaim Ratz

PRIMERA EDICIÓN: FEBRERO 2011
Primera impresión

Índice

Prólogo

Vivimos en una época muy especial, en la que muchas personas en todo el mundo ya no se conforman con "vivir la vida": sienten que este mundo les queda pequeño, y quieren más.

En toda persona existe el gen espiritual, el "punto en el corazón", y éste ha comenzado a despertarse.

* * *

En este libro recopilamos las ideas, preguntas y respuestas más importantes, extraídas de las conferencias del principal cabalista de nuestro tiempo, el Rav Dr. Michael Laitman. Sus clases se transmiten diariamente en vivo a través del canal "Cabalá para todos" (Canal 66 en las compañías de TV por cable en Israel) y en internet, a través del sitio www.kab.info, para numerosos espectadores del país y del mundo.

Cada párrafo es único y especial, y su objetivo es tratar, con gran sensibilidad y profundidad, las cuestiones más fundamentales que nos preocupan a todos en la actualidad.

Presentaremos interesantes muestras de un mar de sabiduría, extraídas de *El libro del Zóhar* y del resto de escritos cabalísticos. El propósito de este libro no es enseñar Cabalá, sino exponer algunas ideas seleccionadas.

Te espera una experiencia profunda, un viaje hacia el interior del corazón, hacia la cúspide del pensamiento.

El Editor

*La sabiduría de la Cabalá
es una ciencia avanzada.
La ciencia del sentimiento,
la ciencia del placer.*
Están invitados a abrirla... ¡y a probar!

El Punto
en el Corazón

*La aparición del "punto en el corazón"
en nuestro interior,
nos anuncia el comienzo
de una aventura muy especial,
el emprendimiento de un viaje
a una tierra maravillosa.*

Triunfar en grande

Probemos a imaginarnos por un momento a nosotros mismos, levantándonos por la mañana, siendo conocedores de la ley general de la realidad, de la ley que lo define todo.

A partir de ese momento, sabemos qué nos conviene hacer y de qué nos tenemos que proteger para evitar reacciones negativas. Todo nos resulta claro y nos despertamos a la vida como niños, con ansias, con un gran deseo y sin tantos miedos e inhibiciones. Esa es exactamente la situación en la que merecemos vivir.

Y, ¿por qué no? ¿Por qué no podemos tener éxito siempre? ¿Por qué siempre hemos de toparnos con paredes, recibir golpes y tropezar con problemas? ¿Por qué tenemos que permanecer en la oscuridad?

Si descubriéramos esa ley general, no tendríamos ningún problema, sabríamos exactamente cómo desenvolvernos en la vida, cómo triunfar en grande.

La Ley Superior

La Cabalá es una ciencia que revela el Gobierno Superior de toda la creación.

Toda la realidad está dirigida por una ley general, denominada Ley de la Naturaleza o Ley del Creador. Es la ley del amor universal, de la armonía y de la benevolencia. El método de la Cabalá nos brinda la posibilidad de descubrir esa ley y vivir nuestra vida de acuerdo a ella.

Así como es imprescindible conocer las leyes de la física, química y biología para desenvolvernos de manera normal, también es imprescindible aprender la sabiduría de la Cabalá.

Conocer la ley general de la creación, y vivir de acuerdo a ella, nos ahorrará sufrimientos, guerras y catástrofes naturales y nos llevará a un estado de equilibrio y armonía.

La ley general de la naturaleza – El Creador – Amor y otorgamiento

"El hombre está esclavizado
en todos sus movimientos,
y amarrado por cadenas de hierro,
por los gustos y las normas de conducta,
que conforman la sociedad".

Así lo explica el gran cabalista,
Rabino Yehuda Ashlag, "Baal HaSulam", en su artículo "La Libertad".

Esta maratón
se ha prolongado demasiado

Es posible que lo tengamos todo, pero eso ya no nos llena ni nos satisface.

Mientras tanto, logramos seguir en el juego, hundirnos persiguiendo objetivos pasajeros, los cuales imaginamos como portadores de placeres: dinero, honor o control. De lo contrario, ¿qué más nos queda por hacer en esta vida?

Nos miramos unos a otros y, sin pensarlo, hacemos lo mismo que los demás. Nos decimos a nosotros mismos: "Si me comporto como los que me rodean, entonces me siento bien". Elegimos un objetivo general y agradable y lo perseguimos tratando de escondernos de esa sensación de vacío.

Tenemos que hacer cosas que nos mantengan ocupados todo el tiempo; de no ser así, nos acosarían las eternas preguntas: "¿Para qué vivo?, ¿qué sentido tiene mi vida?"

Pero tarde o temprano se despertará en nosotros "el punto en el corazón" y dejaremos de pensar sólo en la vida material de mañana a noche. De pronto entenderemos que esa persecución fue organizada de manera intencional, con el fin de desviar nuestros pensamientos de lo primordial.

Mientras cerrábamos los ojos para no mirar, lográbamos correr junto a los demás. Pero ya no tenemos más fuerzas. Todos continúan en la carrera, pero nosotros nos retiramos de la pista. Ya no nos atrae, ya no le encontramos ningún sentido.

Nuestro deseo se hace tan profundo, que ya no nos permite seguir llenándonos de objetivos mundanos. Este es el punto en el que comenzamos a buscar una meta más elevada.

""Luz de cáscaras",
es cuando nos parece
que si tuviéramos un millón de dólares,
seríamos felices.

A cada uno
se le despierta una vez en la vida,
o varias veces, aquí y allá
"el punto en el corazón".

A veces piensas
que estás vacío,
a veces que simplemente te sientes mal

A veces,
por todo tipo de razones,
de tipo material, o incluso familiar.

Piensas que todo pasará
y se calmará, y luego todo estará bien.

Y no entiendes
que esa es la manera de despertar en ti
"el punto en el corazón",
el comienzo del alma,
la punta del hilo
para descubrir el amor.

Recibiendo el paquete

Cuando se despierta en nosotros cualquier pensamiento respecto al significado de la vida, es una señal de que el Creador nos invita a ponernos en contacto con Él, a crear un vínculo con Él.

Como si alguien tocara a nuestra puerta y nos dijera: "¡Ha recibido un paquete!", de esta manera nos llega la invitación.

Debemos abrir la puerta, recibir el paquete, abrirlo y, de acuerdo a su contenido, comprender quién lo envía y cómo reaccionar a eso. Pero oímos el golpe en la puerta y esperamos... Nos quedamos sentamos en el sillón, nos cuesta levantarnos y le gritamos al cartero: "Déjelo en la puerta, por favor, ya lo recogeré más tarde".

Esta conducta hace que el despertar desaparezca, ¿quién sabe cuando será la próxima vez que escuches el golpe en la puerta de tu corazón?

Cuando recibimos una invitación, conviene aceptarla de inmediato, plenamente. Descubrir el contenido del paquete, localizar la dirección del remitente y... llamar a su puerta.

Descubrir al Creador – Descubrir el mundo espiritual
En nuestro interior

Aquí y ahora

Al mundo espiritual
no se puede llegar en tren ni en avión,
porque éste se encuentra dentro de nosotros.

Sólo tenemos que clamar
a la sensación espiritual
en nuestro interior,
agudizar los sentidos.

Entonces nos veremos envueltos
en una aventura interminable,
una aventura maravillosa,
que nos dejará boquiabiertos
de tanta admiración.

Y ésta crecerá cada vez más y más.

El botón añorado

Todos observamos la imagen de este mundo, como si viéramos el mismo canal de televisión. Nos acostumbramos a él y no nos podemos imaginar que exista otro.

De pronto, nos empieza a parecer un poco aburrido, se despierta en nosotros "el punto en el corazón", y surge dentro de nosotros el deseo de cambiar de canal. Antes, ni siquiera pensábamos que fuera posible.

Gradualmente empezamos a comprender y a captar que sí se puede, pero sólo si verdaderamente lo deseamos.

Nuestro deseo es el botón con el que podemos cambiar de canal.

En el momento en el que estemos preparados, inmediatamente se encenderá el segundo canal de forma automática. Esto no significa que el primero desaparezca, sino que se le añade el segundo canal; veremos el primer canal teniendo de fondo al segundo.

De esta manera, los dos mundos se unirán dentro de nosotros en completa armonía.

Acerca del Ego
y del Amor

El ego humano

Cuando observo a los demás,
el ego despierta en mí la envidia,
el odio,
el deseo de control.

No quiero que los demás estén bien,
por lo menos,
no mejor que yo.

Que estén sólo un poco bien,
que triunfen relativamente,
pero que todos vean que yo triunfo más...

Llegó el momento de la liberación

Nuestra naturaleza, a través de la cual sentimos al mundo y a nosotros mismos, viviendo y actuando en él, es un programa que nos proyecta la realidad.

Se denomina "ego": el deseo de recibir y gozar por y para mí mismo, aún a costa de los demás. Este programa nos aísla por dentro, nos ahoga en él, atrae toda nuestra atención y prácticamente nos obliga a pensar sólo en nosotros.

Actuamos de acuerdo a esa programación y ni nos imaginamos que sea posible actuar de otra manera y que quizás haya otra realidad.

Ego – Naturaleza humana – Deseo de recibir

No debemos destruir nada en nuestro interior.
Los peores rasgos deben permanecer,
no creamos nada nuevo
sino que corregimos el uso
de lo que ya existe en nosotros
desde el principio.

Contrastes

PREGUNTA: ¿Por qué fuimos creados con el ego, si tarde o temprano lo tendremos que corregir?

Conocemos el mundo a través de la comparación de los opuestos: caliente-frío, blanco-negro.

Sentimos a uno teniendo como fondo al otro. Si todo fuera de color blanco, no percibiríamos nada. De la misma manera, si todo fuera negro, tampoco captaríamos nada.

Las partes opuestas siempre son necesarias, la diferencia entre colores, entre sentimientos, entre lugares.

Nosotros podemos sentir las diferencias entre las cosas y no cada una de esas cosas por separado.

El Creador es amor y entrega. Pero no podremos sentir lo que es entrega si no tenemos nada que contraste con ella. Por ello necesitamos al ego –"ayuda por oposición"– porque al ser opuesto al Creador, nos ayuda a conocerle y a sentirle.

Creador — deseo de amar y otorgar

Creado — deseo de recibir

↓

Puesto que ahora
somos opuestos al Creador,
lo ocultamos a nuestros propios ojos.

↓

"Corrección" — en la medida
en que adquirimos la cualidad
de amar y de otorgar,
nos equiparamos con el Creador
y comenzamos a sentirlo.

Amor
significa tratar al otro como a ti mismo,
cuando los deseos del otro
se reconocen y se sienten como propios
y tú haces todo por complacerlos.

Saliendo hacia
una realidad de amor

PREGUNTA: ¡Las personas que me rodean sólo buscan hacerme daño! ¿Qué se hace cuando uno trata de amar y el otro no?

El amor mutuo que pretendemos alcanzar no tiene cabida dentro del ego, yo quiero al otro porque me hace bien, pero en realidad sólo quiero aprovecharme de él.

El amor dentro del ego es como cuando "te gusta el pescado": disfrutas del pescado puesto que te agrada su sabor; precisamente desde ese mismo punto de vista, mientras yo disfrute de alguien, me siento bien con él y le "amo"; no obstante, cuando ya no estoy a gusto con él, entonces le rechazo.

También existe otro tipo de amor, que aún no conocemos. Por encima de nuestros cálculos egoístas, por encima de nuestra naturaleza, cuando se nos revela la imagen donde todos somos parte de un sistema general y donde dependemos el uno del otro, nos rendimos ante su poder y se despierta en nosotros el amor hacia los demás.

Y por encima de este amor existe un amor superior. Por encima de la dependencia mutua, nos atrae la cualidad del amor por sí misma, puesto que reconocemos que amar y otorgar es lo más sublime que existe.

El amor nos permite elevarnos por encima de nuestra capacidad de percepción común para comenzar a sentir otra realidad.

Cuando la tendencia de nuestra naturaleza de recibir cambia por la aspiración de amar y otorgar, la pequeña y reducida realidad que sentimos en este momento abandona su lugar y ante nosotros se abre una realidad completa. Esta es la realidad espiritual.

El hombre que alcanza a sentir la realidad espiritual, entiende que las personas se relacionan mal las unas con las otras porque son dirigidas de manera natural por el ego y no porque sean malas. Descubre que fueron creadas de esta manera con una intención determinada, para darles la posibilidad de llegar, finalmente, a un conocimiento que no dependa de la nulidad del ego, y a salir de éste en pos de la realidad del amor.

La red social, a nivel espiritual

PREGUNTA: Parece que las personas prefieren escribirse por correo electrónico y por SMS, en lugar de hablar los unos con los otros. ¿Por qué?

El ego está tan desarrollado actualmente que preferimos tener una relación virtual con los demás.

No tiene nada que ver con que querer o no al prójimo, sino que nos sentimos mejor, más cómodos, más completos, cuando nos conectamos a través de mensajes, por medio del ordenador, por medio de algo. ¿Por qué? Porque de esta manera no hay un contacto físico superficial con los demás.

Para entender por qué motivo ocurre esto, debemos conocer la raíz del fenómeno. El "deseo de recibir" que existe en nosotros se ha desarrollado y quiere elevarse por encima del nivel animal, donde se encuentra nuestro cuerpo. El nivel animal ya no nos aporta nada, el contacto con el otro ya no nos nutre. Buscamos un contacto más interno con el prójimo y, mientras tanto, pasamos a la relación virtual.

En el futuro, esta relación virtual no nos bastará y desearemos una relación interna más profunda.

En la medida en que nos alejemos físicamente los unos de los otros, sentiremos mayor necesidad de estar conectados. Y esto explica la revolución que produjo internet, y cuál es el motivo por el que todos se sienten atraídos por él.

¿De dónde proviene esta atracción, que a veces se convierte en obsesiva? Sentimos que debemos cumplir con nuestra relación con los demás. A pesar de que las redes sociales, las redes culturales y los foros están llenos de tonterías –por lo que, por supuesto, no puede existir una verdadera satisfacción en dicha comunicación–, nos proporcionan cierta relación que nos engancha..

El Creador creó un alma
y la dividió en muchas pequeñas partículas,
a fin de que aprendan entre ellas
qué es amar,
y, juntas, lleguen a Él.

El Creador – Ven y Ve

En la niñez
todos preguntamos
acerca del propósito de la vida,
de la relación con el Creador.
Estas son las preguntas más naturales
que el hombre se hace a sí mismo.
Pero después matamos dichas preguntas
en nuestro interior
y vivimos como robots.

No hay nada más
aparte de Él

Imaginemos un bebé recién nacido,
su primer sentimiento,
de que alguien lo cuida.

La sensación de que existe alguien mayor,
que nos brinda una actitud cálida,
cariñosa y benévola.

Tú aún no puedes entenderlo,
pero sabes que él se preocupa por ti,
hace por ti lo mejor
y tú estás completamente bajo su control.

De esta manera, paulatinamente,
las personas comenzarán a sentir
el otorgamiento de quien se preocupa y dirige,
la Fuerza Superior,
la única fuerza del mundo.

El Creador – Ven y Ve

Las diferentes religiones describen al Creador como algo que se encuentra en nuestro exterior, pero la Cabalá explica que no debería imaginarse al Creador como una imagen sino como una cualidad que se encuentra en nuestro interior.

El "Creador" es la cualidad del amor y del otorgamiento. El significado de la palabra Creador (Boré) es Ven (Bo) y Ve (Ré): descubre esta cualidad dentro de ti.

¡No existe una causa exterior y extraña por la que tengamos que trabajar, sino que actuamos por nuestra corrección, a fin de conseguir la cualidad del amor y del otorgamiento, al Creador!

Hace dos mil años perdimos la percepción del Creador, salimos a la diáspora, y la imagen del mundo real se perdió. Comenzamos a pensar que el Creador era alguien que existe fuera de nosotros y no una cualidad que se descubre en nuestro interior.

En vez de aceptar al Creador como una cualidad esencial e importante de la creación que se proyecta en nosotros, comenzamos a considerarlo como una personalidad separada y extraña.

Enfocarnos en el Creador

La sabiduría de la Cabalá
orienta al hombre
sobre cómo dar un giro desde el interior
y así encontrar al Creador.

Es como buscar un objetivo a través de la lente
de una cámara fotográfica;
se gira hacia la derecha y hacia la izquierda
se agudiza la vista cada vez más
hasta que, de pronto,
¡Opa!
Se ve con claridad.

Retomando conciencia

PREGUNTA: ¿Por qué el Creador no está contento cuando el hombre disfruta de su vida terrenal y se siente satisfecho?

Esto no "alegra al Creador", porque no es la clase de satisfacción que Él decidió brindarnos. Desde el principio, Él creó una situación en la que estábamos plenos de Luz, sólo que en la actualidad no lo sentimos así.

Nos encontramos en un mundo infinito y eterno, pero oculto ante nuestros ojos, al igual que ocurre con el hombre inconsciente que, aunque se encuentra en este mundo, sus sentidos no captan nada de lo que ocurre a su alrededor.

El Creador no puede dejarnos en un estado de inconsciencia, con apenas esa simple chispa de Luz que nos dio para revivirnos, de alguna manera.

No somos conscientes de ello y estamos dispuestos a complacernos sólo con los placeres que experimentamos en el momento presente. No obstante, está bien claro que el plan del Creador –llevarnos a disfrutar de placeres mayores– no puede dejar de cumplirse.

Un campo de amor

El Creador es un campo espiritual de amor y otorgamiento.

Nos desplazamos en él empujados por el cambio de nuestros deseos, y mientras tanto, siempre nos encontramos en el punto de equivalencia con ese campo.

Desde un principio estamos en una posición opuesta a dicho campo y por eso nos encontramos en su círculo más externo, denominado "este mundo".

En la medida en que deseamos acercarnos al centro, a la cualidad del Creador, al amor y al otorgamiento, atraemos hacia nosotros la influencia de ese campo y éste cambia nuestra posición.

Por todo esto, queda claro que no podemos pedirle al Creador que cambie su actitud hacia nosotros, esperar algo especial de Su parte, ni ningún favoritismo... No tiene ningún sentido, de la misma manera que no podemos exigir a la ley de la gravedad que no actúe sobre nosotros.

"Arriba",
en la naturaleza,
existe una fuerza
que responde
únicamente a la petición del hombre
de transformarse en amante y otorgador.

El punto y la Luz

PREGUNTA: ¿Podemos guiarnos por alguna brújula interna que nos conduzca al desarrollo espiritual?

Con el fin de prepararnos para el desarrollo espiritual, la naturaleza nos despierta dos sentidos: el primero, es la sensación de vacío con respecto a este mundo y el segundo, es la atracción por alcanzar la fuente de la vida, el despertar del "punto en el corazón."

Puesto que nuestro mundo es un campo espiritual, y como si de un campo magnético se tratara, este punto nos dirigirá al lugar donde lo podremos alimentar y colmar.

Debemos avanzar en nuestro camino espiritual sólo desde este punto. No debemos creer en nadie, ni tampoco debemos dejarnos influenciar por las palabras inteligentes que nos puedan decir, sino que debemos comprobar todo por nosotros mismos y así clarificar nuestro camino.

El esclarecimiento llega a través de nuestra exigencia por conocer la verdad. No podemos aceptar que nos digan: "Antes debes hacer tal cosa... y luego esta otra... existen condiciones..." ¡No es así!

Así como te encuentras ahora, desnudo ante el mundo, es como llegas al Creador.

La Luz es la que activa el punto en nuestro interior: fuera de estos sentidos, nada existe. Aprende a unir tu deseo con la Luz y sigue hacia adelante.

El Mundo Espiritual

Cuando el mundo espiritual se revela,
descubrimos un tesoro
o, mejor dicho, un "depósito",
una nueva capa de la realidad,
que desde un principio
estaba en nuestra "cuenta".

Un mundo lleno de calidez

Hay momentos en los que, de repente, al hombre le envuelve la emoción y la elevación espiritual.

Siente que el mundo a su alrededor está impregnado por cierta fuerza, que el aire se "espesa" y se llena de un ente nuevo, que le rodean pensamientos e intenciones dirigidos hacia él. Todo se llena de amor.

Esto sólo ocurre raramente. Pero es importante que al final quede en su corazón una sensación clara: "Esto me llegó del mundo espiritual, de acuerdo a la capacidad espiritual que he logrado".

El mundo espiritual es eterno y de una potencia increíble. Quien sube, aunque sea el primer escalón espiritual, por pequeño que sea, experimenta una gran sensación espiritual, un billón de veces mayor que la sentida anteriormente.

Olas espirituales

El trabajo interior del hombre
es ordenar el corazón,
los sentidos,
para captar el mundo espiritual.

Así como la radio,
en la cual giramos el dial,
y captamos la onda en el aire.

De esta manera el hombre se sintoniza
y se ajusta con mayor precisión
a la frecuencia espiritual,
en acciones denominadas "intención".

Hasta que, de repente,
se abre frente a él otra dimensión,
y se le revela el mundo espiritual.

La intención es la acción

La intención es nuestra única acción. Simplemente no existen otras acciones.

De hecho, no existen ni nuestras acciones mecánicas ni nuestros deseos.

Todo está inmóvil, muerto, plantado en su lugar, como sembrado en la tierra, excepto la intención.

En el mundo espiritual se captan solamente nuestras intenciones de amor y de otorgamiento.

Estas aparecen en nosotros y, a su vez, nosotros aparecemos en el mundo espiritual; estas desaparecen y nosotros desaparecemos del mundo espiritual.

Podemos comparar esto con la aceleración, que es la derivada matemática del movimiento. Como Einstein dijo: el movimiento a una velocidad fija, invariable, es considerado como estático, por lo que debemos tener en cuenta sólo la aceleración.

Sobre el placer,
la Luz y la Vasija

PREGUNTA: ¿Por qué a las personas les atrae tanto el sexo?

En el mundo espiritual, el alma se encuentra en estado de "acoplamiento" con la "Luz". Esta es la unión entre las dos partes de la creación, la parte femenina y la parte masculina, y produce una sensación de placer y de gran potencia en la realidad: el llenado del alma con la Luz.

La reproducción del acoplamiento espiritual en el mundo de la materia es el acoplamiento terrenal. Esta es también la razón por la cual el sexo es considerado como la raíz de todos los deseos en nuestro mundo y, por lo tanto, ocupa una gran parte de nuestros pensamientos.

El placer del sexo en nuestro mundo ejemplifica perfectamente la diferencia entre el placer material y el espiritual.

El hombre piensa mucho en el sexo y se imagina la anhelada satisfacción que le espera; pero al llegar al punto culminante, al momento del desahogo, el placer se esfuma, y casi inmediatamente desaparece. Y de nuevo comienza la carrera hacia el próximo momento de placer...

¿Por qué? La explicación es que la "Luz" apaga al "recipiente"; es decir, que el placer que satisface el deseo de forma directa, neutraliza la sensación de placer; exactamente como el signo positivo y el negativo.

¿Y ahora qué? Doble vacío. Por eso se dice, "Una persona se muere sin haberse llenado siquiera a la mitad".

El placer espiritual funciona de manera diferente. Estar en la espiritualidad significa ser dueño de una "pantalla" que tiene la virtud de recibir la Luz dentro del recipiente con la capacidad de producir placer a quien da la Luz, al Creador. Por eso hay que adquirir la cualidad del Creador, la cualidad del amor y del otorgamiento.

¿Qué ganamos con todo esto? El acoplamiento espiritual, un acoplamiento interminable, que se intensifica y que le da al hombre la sensación de la vida eterna. En realidad, de manera inconsciente, interiormente, dentro del alma, todos aspiramos sólo a ese acoplamiento, puesto que para ello fuimos creados.

¿Por qué es tan importante para la mujer ser hermosa?

PREGUNTA: ¿Por qué las mujeres se preocupan tanto de su aspecto exterior? ¿Cuál es la raíz de la importancia del aspecto exterior desde las perspectivas femenina y masculina?

El origen de la tendencia de embellecerse de las mujeres proviene de una raíz superior. "Embellecerse" significa corregirnos a nosotros mismos en relación al Creador, a la fuerza del amor y del otorgamiento. Dicha tendencia se encuentra arraigada profundamente en nuestras almas. Dentro de nosotros se halla "el punto en el corazón", que nos despierta el querer "embellecer" nuestra naturaleza egoísta, "desagradable".

Ser hermosa significa ser parecida al Creador: la persona se convierte en hermosa cuando la ilumina la Luz del Creador.

¿Y por qué es precisamente la mujer la que se adorna? Porque en nuestro mundo la mujer simboliza a "Maljut" (Reino-una de las diez esferas de la espiritualidad), la raíz de la creación. El hombre y la mujer, el novio y la novia, simbolizan la relación que existe entre el Creador y el creado. El creado-mujer, el Creador-hombre.

Por lo tanto, cada uno de nosotros, tanto las mujeres como los hombres, debemos aprender a decorar el alma y ser hermosos!

El Método
de Corrección

La Luz Circundante

Cada día que pasa llegamos a la conclusión de que mientras el ego nos siga gobernando, el fin del mundo se acercará cada vez más, que debemos elegir la vida y el amor. Pero, sin ayuda, no podremos sobreponernos al ego. Así nacimos. Por este motivo precisamos de una fuerza exterior que no existe en nuestro mundo. Por eso se nos otorgó el método para la corrección: la Cabalá.

En la sabiduría de la Cabalá se oculta una fuerza especial, una fuerza que puede crear una nueva cualidad dentro de nosotros. Los escritos auténticos de la Cabalá nos describen la naturaleza del Creador, del Mundo Superior y de los procesos que suceden en él. Mientras aprendemos de dichos escritos acerca de las situaciones opuestas a nuestro mundo, de los actos de amor y de otorgamiento, atraemos su fuerza hacia nosotros.

Esa proyección de las situaciones superiores sobre nuestro estado, se denomina acción de la Luz que corrige o "Luz Circundante". En última instancia, la Luz Circundante hace que anhelemos la cualidad del Creador.

Baal Ha Sulam nos lo explica así: "Desde el fuerte deseo y la voluntad de entender lo que se estudia, atraen hacia ellos las Luces Circundantes que despiertan sus almas... las cuales acercan al hombre a alcanzar la perfección".

("Introducción al Estudio de las Diez Sefirot")

La dificultad de alcanzar la perfección

PREGUNTA: ¿Cómo se puede explicar, en palabras sencillas, la acción de la "Luz Circundante" de la "Luz que reforma"?

La naturaleza, la fuerza superior, la fuerza del amor y del otorgamiento, se encuentran en la unión de todas las partes de la creación que ella misma creó, las cuales perduran en una relación de armonía completa.

Nosotros nos sentimos mal porque estamos fuera de ese sistema integral. Si deseamos sentirnos bien, entonces tenemos que tratar de volver a ese sistema denominado "perfección".

¿De qué manera se puede volver? Cuando deseamos y nos esforzamos por volver al sistema, despertamos en él la fuerza que nos influye. Por esto se dice que despertamos en nosotros a la "Luz Circundante", la "Luz que reforma", la fuerza que nos devuelve al interior del sistema general.

Esta fuerza actúa de acuerdo a la intensidad de nuestros deseos; es decir, esto es posible en la medida en que seamos capaces de despertarlo, pedirlo y exigirlo al sistema.

Pasando de la locomotora al avión

¿Quién puede explicar por qué un bebé crece y madura? ¿Por qué no permanece como era ayer? La ciencia puede explicar qué ocurre dentro de la materia, pero no percibe la causa que se encuentra fuera de ésta y que la empuja a evolucionar.

Abandoné la ciencia hace decenas de años, porque eso era precisamente lo que quería saber: ¿De dónde llega la fuerza vital? ¿Dónde se encuentra? ¿En el átomo? ¿En las moléculas? ¿En algún sistema dentro de las células? Pero descubrí que la ciencia no investiga esto. Si es así, si no sabemos lo más importante y ni siquiera tratamos de descubrirlo, entonces, ¿de qué sirve?

De acuerdo a la Cabalá, sobre un bebé actúa la misma fuerza que actúa sobre cualquier otra parte de la creación y la desarrolla. Esta es la Luz de la vida, la Fuerza Superior que actúa sobre la creación y la desarrolla desde la materia inanimada pasando por los niveles vegetal, animal y hablante. De otra manera, la materia quedaría muerta y sin posibilidad de cambio.

A la Luz de la vida no se la puede captar ni medir con ningún aparato. Nosotros sólo vemos las consecuencias de la acción: el bebé evoluciona día a día, momento a momento. En nuestro mundo, esa Luz actúa como la evolución natural. La locomotora de la evolución se arrastra a su velocidad; es decir, la Fuerza Superior actúa en la materia y la empuja hacia el objetivo predeterminado.

Si penetramos en el mundo espiritual, podremos investigar cada etapa de la evolución –incluso la época de los dinosaurios, si esto pudiera interesarnos– dado que todas las formas son conocidas de antemano y deben vestir sus formas, de acuerdo a las diferentes combinaciones entre fuerzas de recepción y de otorgamiento.

La sabiduría de la Cabalá describe las situaciones que ocurren durante nuestro desarrollo. Cuando la estudiamos con el propósito de desarrollarnos, invitamos a la Luz de la vida a actuar sobre nosotros, de forma consciente. En este caso, la acción de la Luz de la vida sobre todas las personas se define como "Luz Circundante". En la actualidad, la posibilidad de hacerlo se ha abierto para cada uno de nosotros.

El Libro del Zóhar es un río
que nace en el paraíso
y fluye por el corazón del hombre.

* * *

Sin El Libro del Zóhar
no podremos concentrarnos
en el mundo espiritual interior
y siempre veremos sólo la imagen exterior,
la imagen del mundo material,
el mundo de las consecuencias.

El Libro del Zóhar:
Un puente al mundo oculto

El libro principal de la sabiduría de la Cabalá es *El Libro del Zóhar*. Éste fue escrito por un grupo de diez grandes cabalistas, un grupo sin igual en la historia.

Ellos construyeron un puente lingüístico, de conocimientos, de sentimientos, de fuerzas y Luces entre nuestros sentimientos y la manera que tenemos de entender el mundo en el que vivimos, y la comprensión del mundo oculto.

Cuando estudiamos lo escrito en *El Libro del Zóhar* y tratamos de entrar en el estado que los cabalistas quieren transmitirnos, nos parecemos al bebé que abre los ojos y la boca y capta con anhelo lo que su madre le dice. No entiende nada, sólo la observa y demuestra su alegría por medio de movimientos. Desde nuestro interior, desde un nivel desconocido de nuestro inconsciente, comenzará a aparecer un nuevo espacio que se convertirá, cada vez más, en habitual para nosotros. Así, de esta manera, lo oculto comenzará a revelarse. En realidad, *El Zóhar* no se "aprende", sino que se "revela" por nuestras ansias, por nuestra predisposición a sentir el mundo oculto.

No es por nada que en cualquier lugar en el que los cabalistas escriben acerca de *El Libro del Zóhar*, no utilizan la expresión "El Libro del Zóhar", sino que escriben "El Libro" y nada más. ¡Así nos demuestran que no existe otro libro en todo el mundo!

*Lo particular de El Libro del Zóhar
es que tiene el poder
de tomar a cualquier persona que así lo desee,
quien sea, sea cual sea
el lugar en el que se encuentre,
e introducirla en el mundo espiritual.*

Conocerse a uno mismo

PREGUNTA: Tuve la oportunidad de ver el canal de Cabalá en televisión, donde trasmitía una lección que usted dio a sus alumnos sobre *El Libro del Zóhar* y otros escritos de Cabalá. La verdad es que no entendí mucho, pero sentí que allí había algo especial. ¿Tiene algún sentido seguir viendo las lecciones aunque no las entienda?

Por supuesto que sí. El ver esas lecciones despierta la influencia de la "Luz Circundante" sobre ti, aun sin entender intelectualmente el material que se estudia. De esto se suele decir: "El corazón comprende".

En general, cuando se estudia lo escrito en *El Libro del Zóhar*, encontramos muchas cosas que no entendemos. Aprendemos a conocerlas lentamente, aunque no es realmente importante.

Podemos compararlo con lo que le ocurre a un niño, que ve muchas cosas nuevas y desconocidas a su alrededor. Se pregunta qué función cumplen y, sin entender cómo, comienza a conocer el mundo de manera instintiva, pura e inocente.

No debemos preocuparnos por no entender el material y no saber cómo relacionar una cosa con la otra. Simplemente debemos escuchar, tocarlo todo, arder por dentro, querer entender. Este es el único camino para conocer el mundo: nuestro mundo y el mundo espiritual.

El *Libro del Zóhar* y todos los escritos se dirigen a las fuerzas internas que se encuentran dentro de nosotros y nos ayudan a conocerlas poco a poco. De acuerdo a nuestro desarrollo, recibimos la oportunidad de trabajar con esas fuerzas, organizarlas y utilizarlas correctamente.

La Luz de Misericordia (Jasadim), dentro de un mar de Luz de Sabiduría (Jojmá)

Nos encontramos en una situación fija denominada "Infinito". El Creador nos quiere llenar sin límites, para que podamos entender y sentir "desde un confín del mundo al otro"; el problema es que estamos herméticamente cerrados, nos falta ese sentido por medio del cual podemos sentir la realidad completa.

Tenemos un cuerpo que es una especie de sentido general, compuesto por cinco sentidos individuales, a través de los cuales sólo sentimos este mundo.

Y existe otro sentido, que no percibimos en estos momentos, llamado "alma". Esta también tiene cinco sentidos individuales denominados: *Keter*, *Jojmá*, *Biná*, *Tiferet* y *Maljut* (cinco de las diez Sefirot). Cuando abramos nuestra alma, sentiremos a través de ella el mundo espiritual.

¿Qué nos hace falta para abrir el alma y sentir que también en estos momentos estamos en el mundo infinito, que a nuestro alrededor está todo iluminado y sin límites? Sólo una cosa, la "Luz de Misericordia" (*Jasadim*). Esta es una Luz de amor y de otorgamiento, es la elevación por encima del ego.

En términos cabalísticos, en estos momentos nos encontramos en un mar de "Luz de Sabiduría" (*Jojmá*), pero ésta se nos revelará en la medida en que nos abramos a la Luz de Misericordia.

Cuando hay algún tipo de presión de la Luz de Sabiduría, y no hay Luz de Misericordia por parte del alma para abrirla e iluminarla, entonces se nos revela la oscuridad.

"El punto en el corazón" que tenemos en nuestro interior es como la gota de esperma del alma.

El estudio de la Cabalá atrae la "Luz Circundante" y ésta construye paulatinamente en el alma, la Luz de Misericordia. De esta manera se desarrolla el alma y se llena de Luz de Sabiduría.

Placer infinito

La sabiduría de la Cabalá es la ciencia que trata de la recepción. La recepción de toda la abundancia que nos corresponde. Nos explica cómo recibir y cómo dejarnos atravesar por un placer intenso e infinito.

Infinito, porque cuando pasamos a través nuestro el llenado de todas las almas, nosotros no nos vaciamos. Es semejante a lo que le ocurre a la madre que ama a todos sus hijos y que disfruta de la satisfacción que les transmite a todos.

El Propósito de la Creación es disfrutar

PREGUNTA: Aún no lo he entendido, ¿en qué me beneficio al amar al prójimo?

El amor al prójimo no es el objetivo, sino el medio. ¡El objetivo de la creación es disfrutar! Pero para poder disfrutar realmente se necesitan "recipientes" o vasijas (*Kelim*) grandes, que se llenen con abundancia de grandes deseos de disfrutar.

Fui creado con un recipiente (*Kli*) muy pequeño, una miniatura. Como un poco y me es suficiente, ya no quiero más. Corro hacia otro deseo corporal más, disfruto y se termina. Voy a ver algo, se termina... No puedo recibir placeres mayores de los que recibo ahora.

Cuando escucho que el objetivo de la creación es disfrutar ¿qué es lo que soy capaz de imaginarme? ¿Que me puedan dar un filete de mil kilos? Yo no puedo con él... ¿Que me den un placer tan grande hasta que... me haga reventar? Mi *Kli* no es capaz de contener algo tan grande. ¿Qué se puede hacer?

Según me explican, ya terminó este tipo de evolución: no podré recibir más cantidad, dada la manera en que mi *Kli* es capaz de contener la abundancia. Sólo podrá contener más si lo amplío.

Pero, ¿cómo amplío mi *Kli*? Adquiriendo *Kelim* externos. Mediante esos *Kelim* externos, recibo y paso a través de mí infinidad de placeres.

Por lo tanto, el "amor al prójimo", tal y como lo percibimos actualmente, es un concepto muy confuso. Aquí no existe el prójimo sino mis *Kelim*, que me parecen externos sólo para poder volver a anexarlos a mí y elevarme así al nivel del Creador.

Sentimientos
y Estados

¡No adivines,
controla el destino!

El hombre no sabe
qué le sucederá en los minutos siguientes,
y le resulta difícil aceptar esta situación.

Pero yo,
no sólo quiero saber el futuro,
sino que deseo dirigirlo.

No necesito adivinos,
sino un medio espiritual superior,
que me sugiera la forma de mi futuro.

La oscuridad
es la falta de comunicación con los demás.

Se parece a un circuito eléctrico,
donde la comunicación entre los componentes
está desconectada,
y por eso no hay conducción de la corriente.

Si realmente quisiéramos unirnos,
este deseo encendería la Luz.

La vergüenza:
El motor de la evolución

Continuamente, debemos adaptarnos a ciertas normas generales de conducta para no sentir vergüenza.

Como principio fundamental, todo lo que hacemos en este mundo, aparte de satisfacer nuestras necesidades básicas, funciona sólo por la necesidad de impedir esa sensación de bochorno, para no avergonzarnos.

¿A qué se debe esto? Se debe a una antigua raíz que nos llega del principio de la creación, mucho antes de formarse nuestro mundo y lo que existe en él.

El Creador (deseo de dar) creó al creado (deseo de recibir) y lo llenó de Luz. Después de que el creado disfrutó de la Luz, entendió que existe un factor superior a él que lo llena con esa Luz, lo que le causó la sensación de vergüenza. La vergüenza es la primera reacción del creado al sentir al Creador, por lo tanto, es lo único que debemos experimentar completamente para igualarnos al Creador.

Esta es la razón por la cual, también en nuestro mundo –que es una consecuencia del Mundo Superior–, la sensación de vergüenza en todas sus formas dirige todas nuestras acciones.

¿Por qué nos sentimos solos
(aun estando rodeados de personas)?

La sensación de soledad existe
para que nazca dentro de nosotros la necesidad
de un vínculo de unión verdadero
con el resto de la humanidad
y con el Creador
que nos llenará de Luz.

Pensamientos sobre el dolor

El dolor es la reacción del cuerpo frente a todo tipo de trastornos físicos. El dolor nos alerta ante el peligro, el dolor nos obliga a estar en movimiento, a acercarnos y a alejarnos, a tener consciencia de la causa del dolor, a llegar a una conclusión y a pasar a nuevos estados.

El dolor es la única fuerza que influye en nuestro ego.

Dolor por sentirme mal, porque los demás están mal y también porque están bien.

El dolor nos "empuja" desde atrás y nos obliga a desarrollarnos.

El dolor que proviene de la sensación de vacío nos empuja hacia adelante, nos estimula a llenarnos.

Todas las sensaciones provienen del choque, del contacto, de la presión: del dolor.

El placer se puede sentir solamente después de la sensación inicial de dolor, del sufrimiento o de la expectativa.

Superamos el dolor sólo si nos sobreponemos al ego. De pronto, comprendemos que podemos sobrevivir sin carencia, enteramente satisfechos, plenos, en un llenado que no está basado en el dolor; en una satisfacción que proviene de la perfección; no de la necesidad, sino del amor.

La Luz que jamás se apagará

Cuando llegamos a la mitad de nuestras vidas, comenzamos a apagarnos, a morir paulatinamente.

Es nuestra voluntad la que disminuye y pierde la fuerza para seguir adelante, y no el cuerpo.

Pero si comenzamos a desarrollarnos espiritualmente, recibimos energía y voluntad para progresar, nos sentimos como niños. Siempre llenos de deseos, renovándonos continuamente.

Acerca del verdadero miedo

Quien abre *El Libro del Zóhar* descubre que la primera corrección que debemos realizar es llegar a sentir el verdadero miedo.

Generalmente, las personas poseen dos clases de miedos terrenales: el de este mundo (salir adelante en la vida, la salud, la continuidad de la generación, etc.) o el del próximo mundo (llegar al paraíso y no al infierno).

El proceso de desarrollo espiritual nos enfrenta a una tercera clase de miedo: el miedo verdadero, la intimidación ante lo divino: ¿Seremos capaces de parecernos al Creador?, ¿es posible que consigamos la cualidad del otorgamiento y del amor hacia los demás y hacia Él?

El aprendizaje de la Cabalá nos desarrolla la sensación de unión con todo y también cambia nuestros miedos terrenales por la verdadera intimidación.

Orgullo +1

PREGUNTA: ¿Qué hay que hacer cuando los dos miembros de la pareja se dan la espalda y ninguno de ellos es capaz de reconciliarse?

El orgullo es la última etapa y la más grande del ego. El hombre no puede pisotear su orgullo, porque siente que eso lo anula, borra su individualidad.

Si agregamos un tercer factor a la pareja, ésta puede cambiar.

El tercer factor es el Creador y de esto se dice "Hombre y mujer, lo han conseguido: la Divinidad estará entre ellos. No lo han conseguido: el fuego les devorará".

¿Cómo conseguimos esto? Nosotros no anulamos el orgullo, el ego, la diferencia de opiniones y las diferencias en general y tampoco tratamos de entendernos o de hacer las paces. Si nos conformamos con hacer eso, será sólo psicología, y nos volverá a explotar en la cara en la próxima confrontación.

Tenemos que formar un triangulo: tú y ella son diferentes, están divididos, cada uno tiene su orgullo. Pero tienen una meta superior en común: descubrir al Creador; y, en esa meta, ambos se unen.

El pensamiento
es el servidor de los deseos

El Creador creó el deseo de recibir y de gozar, y nada más que eso. Un deseo mayor de gozar domina un deseo menor de disfrutar.

Si es así, ¿qué es el pensamiento, el intelecto? El pensamiento nos ayuda a pasar de un deseo a otro, de una situación a otra, de una determinada forma de deseo a una forma de deseo distinta.

El deseo es la materia de la creación. Y el pensamiento es el medio que nos ayuda a utilizar estos deseos e incluirlos en nuestro interior, movernos en el campo de fuerzas de estos deseos –de una fuerza de deseo mayor a una fuerza de deseo menor, o viceversa, al igual que el acercamiento o alejamiento de un imán.

Pero no importa cuál es mi deseo en este momento: éste siempre me dominará.

Por eso debo utilizar la fuerza del pensamiento, para que me ayude a convencerme a mí mismo de que mi deseo, mi situación, las circunstancias en las que me encuentro, son malas y existen circunstancias mejores.

En la sabiduría de la Cabalá, el análisis mediante el pensamiento del deseo en el que me encuentro se denomina "reconocimiento del mal". El desarrollo del pensamiento en mí es provocado por la Luz Superior.

El intelecto y el sentimiento funcionan en nosotros alternativamente. Pero siempre nos movemos dentro de un solo esquema: deseo–pensamiento–deseo.

Eternamente joven

La Cabalá trata acerca del alma,
es el único órgano que no envejece.
Cuanto más inviertes en él,
¡más joven te vuelves!

Hasta tal punto,
que a veces te sientes incómodo por los demás,
te pareces y te desenvuelves
como un energético chiquillo,
cuando todos a tu alrededor están tan serios,
presuntuosos, formales,
y tú, siempre un niño.

Construyendo un Nuevo Mundo

¿Cuándo se estará bien aquí?

Cuando cada uno de nosotros
comience a pensar
no sólo en sí mismo
sino también en todos los demás.

Eligiendo la vida

Recibo muchas llamadas, del país y del extranjero, llenas de temor respecto al futuro...

Las situaciones venideras dependen de la comprensión de lo que sucede. Si entenderemos el Plan de la Creación, viviremos felices y seguros, completos e íntegros.

Hasta el siglo XXI no teníamos, de hecho, libertad de elección. Nos desarrollamos forzosamente, automáticamente, durante el continuo crecimiento de impulsos egoístas internos.

Ahora que el ego humano ha llegado a su máxima magnitud, se descubre la **posibilidad del libre albedrío**. Tenemos la capacidad de superar nuestra naturaleza egoísta y no volver a depender más de ella.

Si aprovechamos esta posibilidad, saldremos a un camino directo (y menos doloroso) hacia otra naturaleza, a otra dimensión de la realidad, hacia una percepción diferente de la vida –captando toda la magnitud de la realidad–, a lo eterno y a la perfección.

Y aunque no elijamos el camino de la trascendencia consciente hacia la dimensión superior, el programa de la naturaleza se realizará de todas formas, como ha ocurrido hasta el día de hoy. Sólo que esto ocurrirá con la rígida influencia de la "apisonadora del desarrollo" sobre nosotros.

Somos los únicos individuos racionales del universo, todo fue creado para nosotros, debido a que sólo nosotros podemos elevarnos a una dimensión superior.

La misión es seria, la meta es extraordinaria. El estado en el que la humanidad se encuentra hoy en día nos obliga a la búsqueda y, por ello, este es el momento ideal. Por lo tanto, no veo el futuro con temor, sino, precisamente, con gran esperanza.

Dejamos que nuestros hijos
jueguen con las piezas del Lego, armen rompecabezas,
solucionen problemas,
o, en pocas palabras, les dejamos crear.
Así se hacen inteligentes.

El Creador creó la creación perfecta,
pero a fin de darnos la posibilidad
de crecer hasta Su nivel
la destruyó hasta la raíz,
hasta el estado en el que se encuentra nuestro mundo,
para que, con él,
construyamos ese mismo estado perfecto.

De almas separadas a la unión

Sólo en la unión armoniosa
de las diferentes partes del cuerpo
se produjo la vida sana.

En la unión correcta entre las personas,
se descubre la conexión
donde se esconde la vida superior,
la sensación de eternidad y de perfección.

El callejón sin salida en el que estamos hoy,
acentúa la necesidad del tránsito de la etapa
en la que las almas están separadas –por el ego–
a la etapa de la unión,
donde se descubre la vida superior.

*"Ama a tu prójimo como a ti mismo",
es la ley de la naturaleza,
algo obligatorio en la realidad,
ya que la naturaleza es un cuerpo vivo
donde todas y cada una de sus partes
están relacionadas entre sí.*

Ecología:
un cambio de percepción

Todos nuestros problemas surgen porque nos vemos como una parte separada de la naturaleza, y diferenciamos al "hombre" del "medio ambiente".

Este enfoque de la naturaleza hace que nos refiramos a todo lo que nos rodea como un apéndice del hombre. Si nos preocupamos por el medio ambiente, es sólo por nuestro propio placer personal y estrecho, y no por la consideración del sistema general de la naturaleza.

La violación del equilibrio del sistema cerrado de la naturaleza provoca una reacción negativa; y, al ser nosotros un resultado de la naturaleza, sufrimos en todas las escalas de nuestra existencia. Por eso debemos cambiar nuestra actitud, de "la protección del medio ambiente "a la actitud de "el hombre como parte integral de la naturaleza".

De acuerdo a la Cabalá, nuestros pensamientos y deseos son las fuerzas más poderosas de la realidad y son las causas principales de los cambios de la naturaleza.

El problema está en que esta influencia del pensamiento sobre la naturaleza está oculta para nosotros.

Por eso sólo medimos el impacto de nuestros efectos en el exterior, como las emisiones de gases y la contaminación por los residuos, mientras que la causa interna continua esperando el tratamiento de raíz...

Nos conviene acostumbrarnos a la idea
lo más rápido posible,
de que cuidar el medio ambiente
incluye, especialmente, que nos protejamos
a nosotros mismos
de nuestro propio ego.

También puede haber
un mundo sin hambre

Nuestro planeta
puede alimentar a una cantidad ilimitada de personas,
si no se le perturba;
si se unen
en este globo,
como miembros de un cuerpo completo.

La edad de piedra en un escenario de alta tecnología

Por un lado, el ego es la fuerza que nos empuja al desarrollo. Por el otro, la fortificación del ego nos amenaza a todos con crisis, terror e incluso con una guerra mundial y nos sentimos impotentes frente a esta situación. Mirando hacia el futuro, vemos que nos espera la edad de piedra, sólo que en un escenario de alta tecnología.

¿Cómo se sale de este callejón sin salida? La sabiduría de la Cabalá introduce en la imagen del mundo el concepto de "jerarquía de fuerzas", que dirigen a cada uno de nosotros y a la sociedad en general.

La Cabalá no anula el ego, sino que lo reviste de una fuerza más global: la intención (de amor y otorgamiento) sobre el deseo (de recibir), una captación más amplia de la realidad, por encima del estrecho entendimiento del beneficio propio.

La Cabalá nos ofrece un gran avance: un método de coordinación entre dos fuerzas opuestas. Esta nos explica que esas fuerzas son de naturaleza diferente desde su raíz: la naturaleza del Creador y la naturaleza del creado. Cuando no compiten entre ellas sino que se unen, llegan a un estado perfecto y eterno.

Algo más sobre la Sabiduría de la Cabalá

La creación del mundo

PREGUNTA: ¿Cómo responde la Cabalá a la contradicción del período entre la creación del mundo hace 5.770 años y la teoría del Big Bang?

El Big Bang ocurrió aproximadamente hace 14.000 millones de años. Lo provocó una chispa de la Luz Superior que alcanzó el nivel más bajo, envuelto de egoísmo.

Esa chispa incluía en su interior toda la materia y la energía de nuestro mundo, de las que después se desarrolló nuestro universo.

Hace aproximadamente 4.600 millones de años, se originó el planeta Tierra como resultado de la condensación del sistema solar. Durante un período de miles de millones de años, la corteza terrestre se enfrió, hasta formarse la atmósfera y la vida.

No fue producto de la casualidad. Todas las acciones fueron el resultado de la información materializada y contenida en esa chispa de Luz inicial. Tras la naturaleza inanimada, surgieron la vegetal, la animal y el hombre. La interpretación dada a la evolución, basada en las apariencias exteriores captadas por el hombre –que la aparición de una especie surgió de otra, y que de ésta surgió la siguiente– es incorrecta.

La causa de la aparición de cada espécimen en la naturaleza depende de la información enraizada en esa chispa de Luz inicial. En realidad, la evolución es un proceso de revelación (desarrollo) de un banco de información (genes), denominados por la sabiduría de la Cabalá como "*Reshimot*" (registros, reminiscencias).

De acuerdo al comentario hecho por el Arí, (el rabino Yitzjak Luria) en su libro "El Árbol de la Vida", el hombre se desarrolló a partir del mono, miles de años atrás. Pero sólo hace 5.770 años (de la fecha en la que se escriben estas líneas), por primera vez, se despertó en el ser humano "el punto en el corazón".

Su nombre era "Adán", *Adam*, en hebreo. Su nombre, con raíz en la frase hebrea "*Adamé la Elión*" (... *seré semejante al Altísimo*. Isaías 14,14), proyecta el deseo que sintió Adán de asemejarse al Creador.

El día que descubrió Adán el mundo espiritual es denominado "La creación". Ese día, la humanidad tocó por primera vez el mundo espiritual. Por ello, este es el punto inicial donde comienza la cuenta del calendario hebreo. De acuerdo al plan de la creación, en el lapso de seis mil años, todos estamos obligados a conseguir el nivel del Creador, "el final de la corrección" del ego humano.

Una pequeña aldea,
un ego global

Sólo en una época en la historia de la humanidad, fue la sabiduría de la Cabalá accesible a todos. Sucedió en la antigua Babilonia, una "pequeña aldea" donde cada persona podía influir en la vida de todos los demás. La sociedad funcionaba como un sistema integral, por lo que necesitaron de la sabiduría de la Cabalá, ya que enseña a concretar la ley que dice: "Ama a tu prójimo como a ti mismo".

El patriarca Abraham, nacido en Babilonia, hizo un llamamiento al ejercicio de esta ley, pero fueron pocos quienes lo escucharon. Sólo aquellos en los que se reveló el "punto en el corazón" lo siguieron y practicaron esta sabiduría. Unidos en su deseo común, se llamaron a sí mismos "IsraEL"; una composición de dos raíces lingüísticas hebreas: *Yashar* (directo) *El* (Dios); o, en otras palabras, en dirección al atributo del Creador.

El resto del pueblo decidió no unirse a ese grupo, sino alejarse los unos de los otros, dispersándose sobre la faz de la tierra y practicando todos los impulsos que el ego nos despierta de forma natural, de generación en generación.

Abraham y su grupo llegaron a alcanzar la dimensión

de un pueblo: Israel. Pero hace 2.000 años se reveló repentinamente nuestro gran ego, y caímos del grado de amar al prójimo al de odiarnos mutuamente. Perdimos la sensación de la vida bajo un sistema unificado; desapareció la sensación de amor universal, y el Creador quedó oculto para nosotros.

Sólo los elegidos que se sentían atraídos por la revelación del Creador se dedicaban a la sabiduría y la desarrollaron de generación en generación, hasta que llegara el momento en el que todos la necesitásemos.

Hoy ya se ha cerrado el círculo, y los dos caminos que se separaron en la antigua Babilonia se funden en uno. El mundo nuevamente llega a la sensación de unión, de una "pequeña aldea". El ego global. Pero ahora no hay dónde escaparse... La mutua dependencia de los hombres nos exige la realización de la ley, "ama a tu prójimo como a ti mismo".

La sabiduría de la Cabalá nos enseña cómo llegar a amar al prójimo para sobrevivir. Hoy, esta se revela nuevamente a todos para enseñarnos cómo vivir en el nuevo mundo.

La Cabalá verdadera

L a sabiduría de la Cabalá estuvo oculta durante miles de años, lo que fomentó el desarrollo de todo tipo de teorías equivocadas con respecto a ella. En la actualidad, el estudio de los auténticos escritos de la Cabalá está abierto a todos, sin restricciones o condiciones previas. Sin embargo, es importante saber que la sabiduría de la Cabalá se ocupa sólo de la corrección del hombre.

"Esta sabiduría no es ni más ni menos que el orden de las raíces que descienden vía causa y efecto, en leyes fijas y absolutas que se unen y apuntan a una meta suprema, denominada: "la revelación del Creador a los creados en este mundo"... Al final, toda la humanidad está comprometida a alcanzar necesaria y obligatoriamente este supremo desarrollo".

(Baal HaSulam, "La Esencia de la Sabiduría de la Cabalá")

Una escalera al infinito

La sabiduría de la Cabalá nos enseña que vivimos en una realidad compuesta de varias capas.

La realidad está dividida en dos planos básicos: nuestro mundo y el Mundo Superior, que está oculto.

El Mundo Superior está formado por 125 niveles diferentes de existencia, superpuestos unos sobre otros, como una escalera de 125 peldaños.

En este momento, nos encontramos por debajo del peldaño más bajo de la escalera. "El punto en el corazón" nos empuja a ascender hasta el primer peldaño.

Cuando descubramos que existe un escalón mayor, se despertará en nosotros el impulso de llegar hasta él y de trepar a lo alto de la escalera, hasta llegar a la cima.

Esta forma de evolución nos conducirá al Infinito.

La sabiduría de lo oculto

Investigamos nuestro mundo con la ayuda de la ciencia y descubrimos lo que estaba oculto para nosotros.

El conocimiento que acumula la ciencia nos ayuda a subsistir en el mundo. Incluso si no sabemos algo por experiencia propia, confiamos en los científicos, médicos y especialistas. Es verdad que la ciencia aún no lo ha descubierto todo en este mundo aunque, con el tiempo, se irán revelando partes adicionales de lo que está oculto.

Pero en la realidad existe otra parte, un mundo oculto, superior, que la ciencia no puede descubrir. Para ser capaz de sentir esta parte de la realidad, el hombre debe corregir su naturaleza, su ego, y adquirir el atributo del amor y del otorgamiento. Únicamente, entonces, éste comienza a sentir el mundo oculto y a investigarlo científicamente.

Las distintas creencias y religiones son teorías sobre el mundo oculto (sobre Dios), y sobre las cosas que este mundo nos demanda hacer. Estas teorías son variadas e incluso se contradicen entre sí, y todas existen precisamente porque esa parte de la realidad está oculta para nosotros. Ninguna de ellas nos provee de recomendaciones prácticas para descubrir el mundo oculto (el descubrimiento de Dios).

Los cabalistas son personas que adquirieron el atributo del amor y del otorgamiento, y mediante ambos lograron alcanzar el mundo oculto. Ellos describen la estructura del Mundo Superior y ofrecen, a quien esté interesado, la posibilidad de descubrirlo. No nos obligan a cambiar nuestro estilo de vida, ya que no hay relación entre las acciones mundanas y la adquisición del atributo del amor y del otorgamiento. Aquí no se trata de creer en Dios, sino de descubrir al Creador.

La pregunta irritante

El libro básico que se estudia en la sabiduría de la Cabalá es el *"Talmud Eser Sefirot"* (Estudio de las Diez Esferas).

En este libro, Baal Ha Sulam explica las palabras del Arí (el rabino Yitzjak Luria), tan importantes para la evolución de las almas de nuestra generación.

Baal Ha Sulam comienza la introducción del libro exponiendo las diferentes dudas de las personas con respecto al estudio de la Cabalá. Él no trata directamente esas dudas, sino que se dirige a otro aspecto, a la pregunta acerca del sentido de la vida:

"Si centráramos nuestra atención en responder a una sola pregunta, muy famosa, estoy seguro de que todas las preguntas y las dudas desaparecerán por completo en el horizonte, sin dejar rastro. Y esa irritante pregunta, hecha por todos, es: ¿Qué sentido tienen nuestras vidas?

Es decir, estos años de vida que tanto nos cuestan, o sea, la mayoría de los dolores y sufrimientos que padecemos para completarlos al máximo, ¿quién es el que los disfruta?

O, mejor dicho, ¿a quién deleito?

Y es verdad que los investigadores de todas las generaciones ya se cansaron de reflexionar sobre eso. Y no hace falta decir que en nuestra generación no hay nadie que quiera siquiera pensar en ello.

Con todo eso, la pregunta se presenta en toda su magnitud y amargura. A veces nos toma por sorpresa, y nos martilla nuestras mentes y nos humilla completamente, antes de que podamos encontrar el bien conocido artificio de dejarnos llevar sin pensar por las corrientes de la vida, tal y como hicimos ayer".

(Baal HaSulam, "IIntroducción al Estudio de las Diez Sefirot," I y II)

La sabiduría de la Cabalá
es para todo
aquel que ya no puede
ignorar la pregunta sobre
el sentido de la vida.

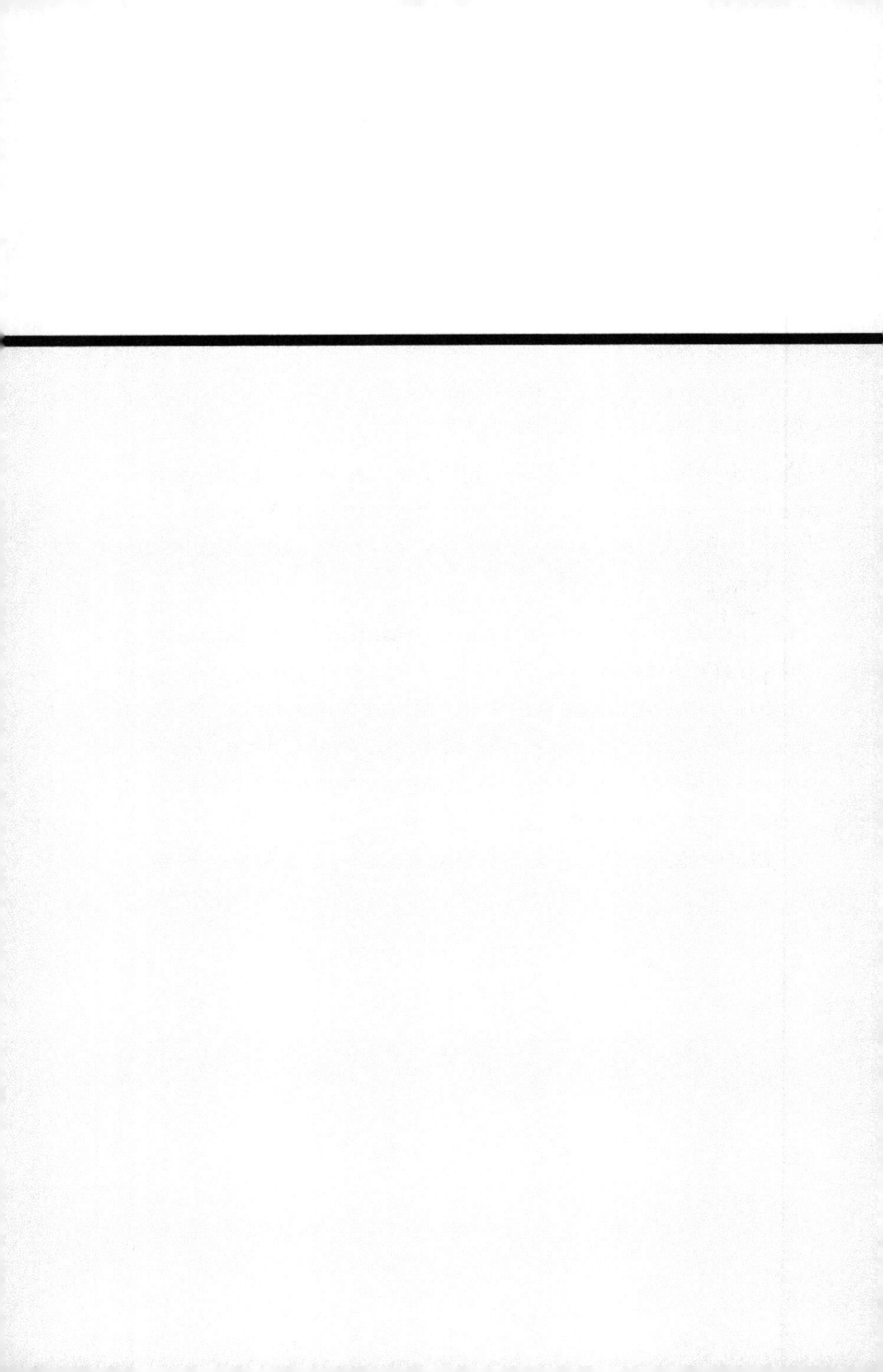

Apéndices

Entrevista personal con el Rav Dr. Michael Laitman

PREGUNTA: ¿Qué es para usted lo más importante en la vida?
Rav: La difusión del método de la corrección del ego del hombre en el mundo. El ego es el origen del mal en el mundo y sólo su corrección le traerá la felicidad.

PREGUNTA: ¿Cuál es la esencia de la vida?
Rav: La esencia de la vida de cada hombre es su propia corrección hasta conseguir la propiedad de amar todo lo que lo rodea.

PREGUNTA: ¿Cuál es la causa de la pedofilia, la insatisfacción, las guerras, el terrorismo, la corrupción, la pobreza y el radicalismo nacional y religioso, y porqué nadie puede vencer tanta maldad?
Rav: La maldad en el mundo nació de la naturaleza egoísta del hombre. Desde los albores de la historia, el ego del hombre creció y se desarrolló sin límites. Éste le empuja a desarrollar la sociedad, a gobernar y a vencer a la naturaleza que le rodea. No podemos controlar al ego con nuestros medios y fuerzas.

PREGUNTA: ¿Qué puede salvar al mundo de un desastre ecológico?
Rav: Sólo el cambio de actitud del hombre hacia todo lo que lo rodea: el hombre y la naturaleza. Se trata de pasar del

odio y del deseo de aprovecharse de los demás para el beneficio propio, a la entrega y al amor general.

Hay que formar un comité que salve al mundo de la naturaleza humana, tan rápido como sea posible; recibir acceso a todos los medios de comunicación y cooperar en la educación de la humanidad para vivir de manera correcta y en reciprocidad.

PREGUNTA ¿Cómo desearía ver al mundo y a la humanidad?

Rav: El mundo futuro es aquel en el que todos descubrirán que son como elementos que están unidos de forma integral a un mismo sistema, dependientes unos de otros como los engranajes de una máquina. Todas las acciones y pensamientos se derivarán de la interdependencia mutua revelada y nos obligará a todos a adquirir un punto de vista común, un mismo programa y forma de actuación para cambiar al mundo.

PREGUNTA: ¿Cuál es su frase favorita?

Rav: La vida sólo puede subsistir cuando todas las partes están en completa armonía, como en un solo cuerpo. El dicho "Ama a tu prójimo como a ti mismo" define precisamente eso. Este no habla de la necesidad de una cierta moralidad, sino de la ley de existencia de la vida.

Nuevo mundo,
nueva educación

1. La globalización se convirtió en la causa que influye en el desarrollo económico, político y cultural. Incluye al mercado internacional, comprende todo los procesos en la sociedad y la vida privada de cada uno de nosotros. A pesar de esto, no soluciona problemas políticos, sociales, culturales y religiosos.

2. Con el propósito de adaptar al hombre a la nueva realidad, es necesaria una nueva educación. Hasta ahora, la educación se formó en el encuadre de un mundo egoísta y disperso. Debe surgir una nueva educación por vías naturales y no a través del doloroso impacto de la naturaleza sobre nosotros, que nos obligaría a cambiar nuestra manera de pensar, la forma de relacionarnos entre nosotros y adaptarnos al proceso de globalización. Contrariamente a los cambios que atravesamos anteriormente durante la historia, esta vez tenemos la oportunidad de realizar el cambio nosotros mismos, conscientemente y no de manera forzada.

3. El cambio de la cultura común por la cultura global no debe realizarse por la fuerza, tal y como estamos acostumbrados. Por ejemplo, hoy en día obligamos a nuestros hijos a estudiar de acuerdo al método antiguo, a pesar de que ya están destinados a formar parte de la "nueva humanidad". Nuestro instinto nos hace rechazar todo lo nuevo, mientras que ellos lo ansían de manera natural.

4. Aquí, por primera vez en la historia, tiene que manifestarse la función educativa de los medios de comunicación. En lugar de ser una fuente de información incierta, deben generarnos confianza a través de su contribución a la educación de la nueva generación. Ese es precisamente el rol de los medios, seguido por el de las instituciones educativas. Todos los cambios sociales deben comenzar desde abajo. Deben basarse en las normas de la vida, en los principios morales y en las tradiciones culturales y religiosas. Lo nuevo no reemplaza a lo viejo por la fuerza, sino de forma natural, sin dolor, y como consecuencia del descubrimiento global de la naturaleza y de la sociedad.

5. La educación cabalística no es una educación forzada, debido a que no es necesario llevar a todos a un mismo nivel de conocimientos y cultura. Al contrario, hay lugar para todos los niveles y para todas las culturas, porque la educación cabalística eleva a las personas por encima de las diferencias culturales, sin discrepancias, aumentando la unión entre ellos. Cada persona puede seguir practicando su religión, como lo escribe Baal Ha Sulam en "Escritos de la Última Generación". La educación cabalística evita confrontaciones y choques entre las diferentes culturas, ideologías y naciones.

6. A pesar de que la Cabalá conduce a los hombres a tener

una conciencia uniforme e invita a todos a comportarse como engranajes de un solo mecanismo, no menosprecia la función del individuo. A fin de cuentas, el individuo encuentra su lugar en dicho sistema, en la relación general entre las personas, y llega a la situación óptima que la naturaleza tenía preparada para él. Como resultado de este tipo de educación se van formando principios existenciales uniformes en el mundo. La conciencia individual se convierte en conciencia de grupo y luego en conciencia universal. A continuación, como escribe Baal Ha Sulam, los límites se atenuarán y se creará una civilización uniforme que tendrá una misma manera de pensar, y el anhelo de adhesión con toda la naturaleza, con el Creador. El desprendimiento de la soberanía, la atenuación de los límites y la formación de un ente espiritual integral, no se lograrán de manera forzada, sino de acuerdo al reconocimiento de la urgencia de hacerlo por la necesidad de adherirnos al Creador. La educación en masa puede lograrse a través de programas televisivos y juegos de ordenador, e internet, impidiendo el aumento del valor de la gratificación egoísta o el uso de influencias agresivas sobre el mundo.

7. La globalización causa una sensación de densa aglomeración en el mundo, mientras que el reconocimiento de la unión del sistema de las almas, convierte al mundo en un lugar cálido y seguro.

Cabalá para no iniciados
(Random House Mondadori-Grijalbo, México)

La Cabalá es mucho más que una frívola moda de las estrellas de Hollywood, o que llevar un brazalete rojo. Su pensamiento nos impulsa a mirar más allá de lo tangible para dar propósito y sentido a nuestras vidas en busca de la iluminación.

Cabalá para no iniciados es un libro que ofrece precisamente eso: cómo adaptar esta filosofía antigua a nuestra vida moderna y hacerla parte de la cotidianidad. En él se encontrará:
• Mitos y realidades en torno a la Cabalá.
• Una guía clara para aprender a leer la Biblia o *Torá* desde este punto de vista.
• Consejos prácticos para incorporar su esencia a nuestra vida diaria.
• La historia de la creación según sus enseñanzas.

El lector está a punto de iniciar un viaje por el tiempo de más de seis mil años de antigüedad y a través de los cinco mundos espirituales. Así aprenderá la esencia y el propósito de su vida y descubrirá cómo sus deseos afectan el mundo que le rodea. Descubrirá éstas y muchas otras razones que han hecho que esta milenaria ciencia se encuentre cada día más vigente.

Cabalá para aprendices: Principios básicos para una vida plena (Grupo Editorial Norma, Chile)

Cabalá para aprendices es un libro para todo aquel que esté buscando respuestas a las preguntas esenciales de la vida, tales como, "¿para qué venimos a este mundo?", "¿por qué experimentamos placer y dolor?" y "¿por qué los seres humanos somos como somos?"

En este libro, el lector encontrará un método claro y fiable para comprender los fenómenos de este mundo. Además, ayudará a quienes buscan la verdad espiritual a dar el primer paso hacia la compresión de las raíces del comportamiento humano y de las leyes de la Naturaleza.

La Cabalá es un método sumamente acertado, sistemático y probado a través del tiempo, que nos ayuda a estudiar y definir nuestro lugar en el universo. Esta sabiduría nos explica por qué existimos, de dónde venimos, por qué nacemos, para qué vivimos y adónde vamos cuando dejamos nuestra vida en este mundo.

Cabalá para principiantes (Ediciones Obelisco, España)

La sabiduría de la Cábala es un método antiguo y experimentado, mediante el cual el ser humano puede recibir una conciencia superior, alcanzando la espiritualidad. Si

alguien siente un deseo y un anhelo de espiritualidad, podrá encauzarlo por medio de la sabiduría de la Cábala,
otorgada por el Creador.

La Cábala enseña un método práctico para aprender a
conectar con el mundo superior y la fuente de nuestra existencia mientras estamos en este mundo.

El hombre alcanza así la perfección, toma las riendas de
su vida y trasciende los límites del tiempo y del espacio,
llenando de sentido su vida y alcanzando la serenidad y el
gozo infinito desde este mundo.

Torre de Babel - Último piso;
Israel y el futuro de la humanidad
(Laitman Kabbalah Publishers, Canadá)

En estos días estamos siendo testigos de un proceso que
se inició miles de años atrás y que ha estado diseñando
nuestra historia y determinando los eventos de nuestras
vidas desde esa fecha en adelante.

En el pasado, la humanidad se centró en Mesopota-
mia, alrededor de la antigua Babilonia. Después, hubo
un estallido del egoísmo y las personas se alejaron, se
dividieron. Esa también fue la época en que la Cabalá
fue revelada.

Pero cuando los cabalistas llegaron a la conclusión de que el mundo todavía no estaba listo para recibir esta sabiduría, se vieron obligados a ocultarla. Ellos la han estado guardando para la época en que la humanidad necesitara cambiar su corazón.

Actualmente, en los albores del siglo XXI, finalmente estamos listos. Miles de años de evolución no nos han hecho más felices, y es dentro de esta confusión e inseguridad que la Cabalá puede surgir y prosperar, ofreciendo una nueva solución.

Cabalá: Alcanzando los Mundos Superiores
(Grupo Planeta Chile-Sudamérica)

Una meta importante en el estudio de la Cabalá es utilizar este conocimiento para influir en el destino de cada uno de nosotros. El proceso implica el darnos cuenta del verdadero propósito de estar aquí, descubriendo el significado de la vida y la razón por la cual ésta se nos ha otorgado.

Alcanzando los Mundos Superiores es una magnífica introducción a la sabiduría de la Cabalá, un primer paso hacia el descubrimiento del máximo logro del ascenso espiritual. Este libro llega a todos aquellos que buscan respuestas y para quienes tratan de encontrar una manera lógica y confiable de entender los fenómenos mundiales. Brinda una nueva clase de conciencia que ilumina la mente, da vitalidad al corazón y lleva al lector a las profundidades de su alma.

El poder de la Cabalá (Grupo Planeta, España)

Hoy en día, mucha gente se siente sin rumbo en la vida ante las promesas incumplidas de riqueza, salud, y felicidad que se suponía traerían el desarrollo tecnológico y científico. Muy pocos logran todo eso, e incluso ni siquiera pueden afirmar que tendrán lo mismo mañana. Pero el beneficio de este estado es que nos está forzando a reexaminar nuestra dirección y preguntarnos: "¿Es posible que estemos en un camino equivocado?"

El poder de la Cábala es un manual de instrucciones para la vida, un método para comprender y vivir en armonía con las leyes del universo.

El Rav Dr. Michael Laitman, nos brinda un nuevo prisma a través del cual contemplar y entender el universo para sentirnos en equilibrio, paz y plenitud.

* Es el mismo libro "*Alcanzando los Mundos Superiores*", con una presentación diferente, de acuerdo al país de publicación.

Rescate de la crisis mundial: Una guía práctica para emerger fortalecidos (Laitman Kabbalah Publishers, Canadá)

Los antecedentes del Dr. Michael Laitman lo colocan en una posición única para ofrecer un panorama vasto y esperanzador sobre la actual crisis mundial. El Dr. Laitman brinda una perspectiva real y acertada, basada en sus ámbitos de especialización como Profesor de Ontología, Doctor en Filosofía y Cabalá, con Maestría en Biocibernética médica, para dar respuesta a los descomunales retos que estamos enfrentando hoy día.

En este libro, el Dr. Laitman introduce conceptos fascinantes que se entrelazan en una solución profunda y global para hacer frente a estos problemas:

• La crisis en esencia no es financiera, sino psicológica: Hemos perdido toda confianza los unos en los otros, y donde no hay confianza, no hay comercio; sólo aislamiento y parálisis.

• Esta enajenación es el resultado de un proceso natural que se ha venido desarrollando durante milenios y que es hoy cuando llega a su culminación.

Acerca de Bnei Baruj

Bnei Baruj es un grupo internacional de cabalistas que busca compartir la sabiduría de la Cabalá con todo el mundo. Cuenta con materiales de estudio basados en textos cabalísticos auténticos que se han ido transmitiendo de generación en generación. En la actualidad, estos recursos didácticos se encuentran disponibles en más de 30 idiomas.

Historia y orígenes

En 1991, tras el fallecimiento de su maestro, el Rabash, el Rav Dr. Michael Laitman estableció un grupo de estudios de Cabalá llamado "Bnei Baruj". Laitman fue el alumno aventajado y el asistente personal del Rabash por más de una década, siendo reconocido como el sucesor de su método de enseñanza.

El Rabash fue el hijo primogénito y sucesor de Baal HaSulam (1884-1954), el cabalista más grande del siglo XX. Baal HaSulam es el autor del comentario más amplio y autorizado sobre *El Libro del Zóhar*, titulado *El Comentario Sulam* (escalera). Este gran cabalista fue el primero en revelar el método completo para alcanzar la elevación espiritual. En la actualidad, Bnei Baruj basa todo su método de estudio en el camino que nos prepararon estos dos grandes maestros espirituales.

El Rav Laitman es Doctor en Filosofía y Cabalá, Máster en Cibernética Médico-Biológica, Profesor de Ontología y Teoría del Conocimiento. Es considerado a nivel internacional como la máxima autoridad en Cabalá auténtica. Además de ser científico e investigador, el Dr. Laitman se ha involucrado ampliamente en la sabiduría de la Cabalá durante los últimos treinta años. Ha publicado más de cuarenta libros sobre el tema, los cuales han sido traducidos a dieciocho idiomas, y cuenta con numerosas publicaciones sobre Cabalá y ciencia. Frecuentemente es entrevistado por medios internacionales en Hispanoamérica, así como en Estados Unidos, Europa e Israel.

Método de estudio

El método de estudio único desarrollado por Baal Ha-Sulam y su hijo, el Rabash, es el que se imparte y se sigue a diario en Bnei Baruj. Este método está basado en fuentes cabalísticas auténticas como son *El Libro del Zóhar*, de Rabí Shimon Bar Yojái; *El Árbol de la Vida*, del Arí y *El Estudio de las Diez Sefirot*, de Baal HaSulam.

A pesar de que el estudio está basado en estas fuentes cabalísticas auténticas, este se lleva a cabo empleando un lenguaje sencillo y común, todo ello desde una perspectiva contemporánea y científica. El desarrollo de esta metodología ha hecho que Bnei Baruj sea una organización respetada a escala internacional.

Esta combinación única de un método de estudio académico junto a la propia experiencia personal, expande la perspectiva del estudiante y le otorga una nueva percepción de la realidad en la que vive. A aquellos que siguen el camino espiritual, se les proporciona las herramientas necesarias para que se estudien tanto a sí mismos, como a la realidad que les rodea.

El mensaje

Bnei Baruj es un colectivo diverso con alrededor de dos millones de estudiantes en todo el mundo. La esencia del mensaje que difunde Bnei Baruj es de carácter universal: la unidad entre personas y naciones, así como el amor al ser humano.

Durante miles de años, los cabalistas han estado enseñando que el amor hacia el hombre debe constituir la base de toda relación humana. Este sentimiento reinaba en los tiempos de Abraham y en el grupo de cabalistas que él estableció. Si recuperamos estos valores ancestrales, aunque contemporáneos, descubriremos en nosotros la capacidad de olvidarnos de nuestras diferencias y unirnos.

La sabiduría de la Cabalá, oculta durante miles de años, ha estado esperando el momento en que la humanidad estuviera lo suficientemente desarrollada y preparada para poner en práctica el mensaje que encierra. En la actualidad, está resurgiendo como una solución capaz de unir diferentes grupos y facciones en todas partes, permitiéndonos, como individuos y como sociedad, enfrentarnos a los retos que nos presenta la vida hoy.

Actividades

Bnei Baruj ofrece toda una variedad de formas para que las personas puedan explorar su vida y la naturaleza, brindando una cuidadosa orientación tanto a los alumnos principiantes como a los avanzados.

Internet

El sitio web de Bnei Baruj, www.kab.info, presenta la auténtica sabiduría de la Cabalá a través de ensayos, libros y textos originales. Es la fuente de difusión de auténtico material cabalístico con más repercusión en la red, albergando una exclusiva y extensa biblioteca para todo aquel que desee explorar a fondo las fuentes de la Sabiduría de la Cabalá.

El Centro de Estudios en línea de Bnei Baruj (Learning Center), ofrece cursos gratuitos de Cabalá para principiantes, brindando a los estudiantes una formación sobre esta extensa sabiduría desde la comodidad de sus hogares.

El canal de televisión de Bnei Baruj se retransmite vía internet en www.kab.tv/spa, ofreciendo entre otros programas, las clases diarias del Profesor Laitman, complementadas con textos y gráficos. El acceso a las lecciones y materiales de estudio es libre.

Televisión

En Israel, Bnei Baruj estableció su propio canal de televisión por cable y vía satélite, el canal 66, el cual transmite 24 horas al día. Todas las emisiones de dicho canal son gratuitas y también se encuentran disponibles a través de Internet, por medio de www.kab.tv/spa. Los programas están adaptados a todos los niveles, con emisiones dirigidas tanto a principiantes como a estudiantes avanzados.

Conferencias

Dos veces al año se realizan conferencias en varias ciudades de Estados Unidos y una convención anual en Israel. En estos encuentros los estudiantes se reúnen durante un fin de semana de estudio y socialización para estrechar los lazos de unión, y expandir la comprensión acerca de la sabiduría de la Cabalá.

Libros

Bnei Baruj publica libros de Cabalá auténtica. Estos son esenciales para un entendimiento óptimo de esta sabiduría, explicada día a día en las lecciones del Profesor Laitman.

Los libros del Dr. Laitman están escritos en un estilo contemporáneo y sencillo, basándose en los conceptos de Baal HaSulam. Constituyen un eslabón esencial entre el lector contemporáneo y los textos originales. Todos los libros están a la venta en www.kabbalahbooks.info, además de estar disponibles para su descarga gratuita.

Periódico

Kabbalah Today es un periódico gratuito que se publica y difunde mensualmente por Bnei Baruj en varios idiomas, incluyendo inglés, hebreo, español y ruso. Su contenido es apolítico, no comercial, y escrito con un estilo claro y contemporáneo.

El propósito de *Cabalá Hoy*, la versión en español, es exponer al público hispanohablante en general el vasto conocimiento oculto en la sabiduría de la Cabalá, en un formato y estilo atractivos para los lectores en cualquier parte del mundo.

Clases de Cabalá

Como han hecho los cabalistas durante cientos de años, el Rav Michael Laitman imparte lecciones diarias en el Centro de Bnei Baruj Israel entre las 03:00 y las 06:00 de la mañana (hora de Israel). Las lecciones son en hebreo, con traducción simultánea a siete idiomas: inglés, ruso, español, francés, alemán, italiano y turco. Estas clases en directo llegan de manera gratuita a miles de estudiantes en todo el mundo por medio del sitio: www.kab.tv/spa

Financiación

Bnei Baruj es una organización sin ánimo de lucro dedicada a la enseñanza y a la difusión de la sabiduría de la Cabalá. Para mantener su independencia y pureza de intenciones, Bnei Baruj no recibe financiación ni apoyo ni se encuentra vinculada a ninguna organización política o gubernamental.

Dado que la mayor parte de sus actividades se proporcionan al público sin coste alguno, la fuente principal de financiación para las actividades del grupo son las donaciones y el diezmo –al que contribuyen los estudiantes de manera voluntaria–, así como los libros del Dr. Laitman, que son puestos a la venta a precio de coste.

Índice detallado

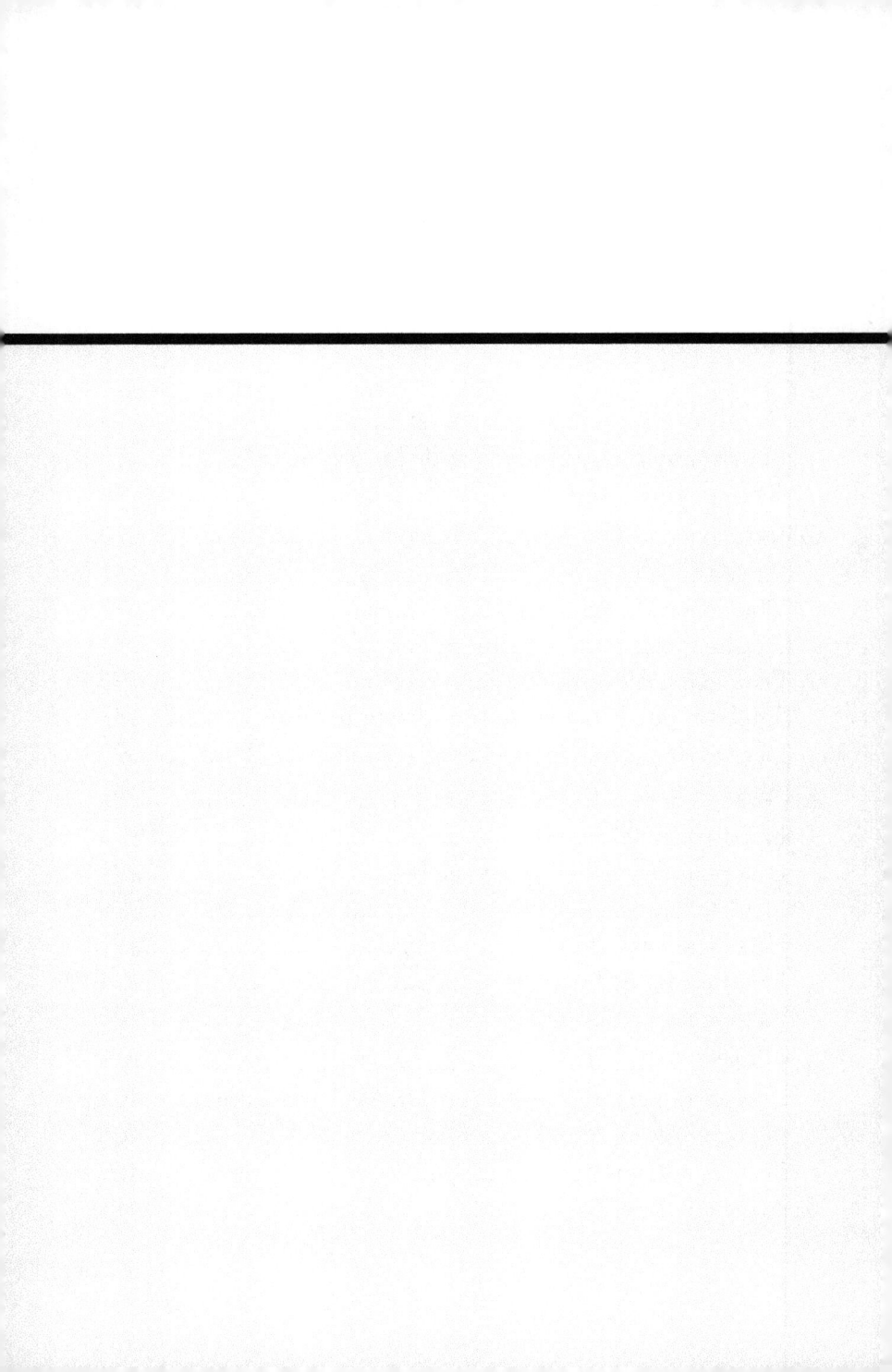

Información de contacto

Centro de Estudios de Cabalá Bnei Baruj
(Learning Center)
Sitio electrónico: http://www.kabbalahlearningcenter.info/es/
Correo electrónico: estudios@kabbalahlearningcenter.info

Sitios Web
www.kabbalah.info/es
www.kab.tv/spa
www.laitman.es
www.kabbalahmedia.info
www.kabbalahbooks.info

Bnei Baruj (Instituto de Educación e Investigación de la Cabalá)
Correo electrónico: spanish@kabbalah.info

Israel	**Norteamérica**
P.O.Box 1552	1057 Steeles Avenue West, Suite 532
Ramat Gan 52115, Israel	Toronto, ON M2R3X1 Canadá
Teléfono: +972-3-9226723	1(866) LAITMAN
Fax: +972-3-9226741	info@kabbalahbooks.info